LES VOILA! LES VOILA!

OU

PLUS DE PEUR QUE DE MAL.

LES VOILA! LES VOILA!

OU

PLUS DE PEUR QUE DE MAL.

RÉPONSE

A FEU PARTOUT

ET AU CRI D'ALARME.

Par Louis M.......

PARIS.

A LA LIBRAIRIE CENTRALE,

PALAIS-ROYAL, GALERIE D'ORLÉANS, Nº 1er;

ET CHEZ TOUS LES MARCHANDS DE NOUVEAUTÉS.

1829.

CHAPITRE Ier.

Les voilà ! les voilà !

Les voilà ! les voilà !—Qui ?—Comment, vous ne comprenez pas ? — Non, ma foi ! — Pauvres gens que vous êtes... Eh ! parbleu les jésuites. — Oh ! par exemple, nous ne nous en serions jamais douté ; et à quoi voyez-vous cela ? car nous voulons que le diable nous emporte, si nous concevons quelque chose à ce qui vous fait crier si fort. – Quoi ! il n'y a pas de quoi crier les voilà ! et de toute la force de ses poumons, encore, en voyant le ministère qui nous est imposé par les ordonnances du 8 août dernier. — Bah ! ce n'est que cela ; on eût pu penser à vous entendre que le feu était aux quatre coins de la France : aussi resterons-nous parfaitement tranquilles, et ce ne sont pas tous vos cris qui parviendront à troubler le repos dont nous jouissons, et qui ne peut que s'affermir par les mêmes ordonnances qui vous donnent de si vives inquiétudes. Et d'ailleurs, où sont-ils vos jésuites, que vous nous faites si terribles ? — Partout. — Mais encore ? nous avons beau chercher et nous n'en voyons nulle part. — Ils inondent la France. — Oh! alors, vous pouvez nous dire où nous les rencontrerons. — Sans doute que je puis vous le dire ; ils sont... — Eh bien ! ils sont? — Ils sont.... vous m'impatientez; il faudrait vous les mettre sous la main. — Certainement, sans cela nous sommes incrédules, et vous pouvez aller porter ailleurs vos cris et votre peur.

Ce sont cependant ces trois mots : voilà les jésuites ! dont on se sert aujourd'hui pour effrayer la France et la soulever, comme on se servit en 89 de ces trois autres mots : voilà les brigands, pour l'armer du nord au midi et du couchant au levant, en moins de trois fois vingt-quatre heures, et pour ensuite la déchirer pour la plus grande gloire de la liberté, que jamais personne ne put parvenir à connaître, et ce qui, d'ailleurs, eût été fort difficile alors ; car on s'entr'égorgeait pour savoir qui aurait le droit de faire sentir au peuple tout le poids d'une domination accablante par son despotisme.

Chacun à cette époque, comme aujourd'hui, se demandait, où sont-ils les brigands, les ennemis ? Tout le monde était sur le qui vive, et les brigands ne paraissaient pas. Je le crois bien, ils n'existaient que dans le cerveau de ceux qui avaient répandu ce cri d'alarme pour en venir à leurs fins. Mais ce qu'il y eut de malheureux, c'est que la ruse réussit, et que les auteurs de cette trame infâme en recueillirent tous les fruits qu'ils en attendaient, c'est-à-dire qu'ils renversèrent la légitimité pour lui substituer l'anarchie la plus effrayante et la plus douloureuse.

Mais il n'en sera pas de même aujourd'hui, les yeux de la nation sont dessillés; elle ne se laissera point prendre dans un piége aussi grossièrement tendu, et les derniers efforts d'une faction perturbatrice viendront expirer aux pieds d'une administration ferme sans despotisme, et bonne sans faiblesse.

Il y a environ un mois qu'il était impossible de s'aborder sans se demander si le jour où l'on était aurait un lendemain; car les journaux de l'opinion publique, ou du moins prétendus tels, répétaient à qui voulait l'entendre, que nous marchions sur un volcan, que le temps était chargé, qu'un nuage noir de foudre couvrait la France, et était sur le point de répandre sur elle une entière dévastation.

Avant de se dire exclusivement les organes de l'opinion publique, messieurs des *Débats*, du *Constitutionnel*, du *Courrier* et consorts auraient bien dû s'assurer qu'ils n'en imposaient point; car, par exemple, il est impossible que les longues diatribes qui sont dans les journaux des 9, 10 et 11 août dernier, soient l'expression fidèle des sentimens des citoyens de Lyon, Marseille, Bordeaux, Lille et Strasbourg, qui, certes, à ces époques, ignoraient le sujet des terreurs de ces messieurs, qui, je ne le pense pas, n'ont point encore de télégraphes à leurs ordres; mais, patience, cela pourra bien venir pour peu qu'on les laisse faire : avec gens qui ont autant de bonne volonté, il ne faut désespérer de rien.

On peut donc, à juste titre, déduire de cette envie d'accaparer l'opinion publique, ce qui, soit dit en passant, n'est pas très-constitutionnel, car il n'est permis à personne de m'imposer une opinion; on peut, dis-je, conclure que les honorables députés qui siégent au côté droit et au centre droit de la chambre, et même quelques-uns de ceux qui occupent des places sur les bancs des deux sections de gauche, et que l'on a vus dans certaines occasions réunir leur vote à celui de la droite, ne sont à la chambre que pour faire nombre. Mais, cependant, ces représentans ne sont pas venus là tous seuls et comme par hasard; ils y ont été envoyés par des électeurs : ces électeurs ne pensaient donc pas comme messieurs tels et tels de la gauche et du journalisme; il y a donc en France une opinion qui n'est pas celle du *Constitutionnel*, des *Débats*, etc., etc. C'est donc à tort que ces feuilles veulent faire croire qu'elles sont la libre expression du sentiment de la nation entière ; c'est donc à tort qu'elles ont fait et font encore autant de bruit en notre nom collectif.

Mais enfin, d'où peut venir toute cette rumeur, toutes ces violentes et ridicules attaques contre les personnes, toutes ces sales et dégoûtantes épithètes que les journaux libéraux prodiguent gratuitement à des hommes qui valent autant et mieux que toutes les notabilités qui composent l'opposition? D'où? Le voici.

Des places de conseillers, de présidens de cours royales, d'avocats-généraux, de maîtres des requêtes, de conseillers d'Etat, de commandans de divisions et de subdivisions militaires, de préfets, de directeurs-généraux et même de ministres, sont bien belles et tentent plus d'un honorable qui a l'air d'en faire fi, et que je suis tenté de comparer au renard de la fable; mais malheureusement, quelque nombreuses que soient ces places, il n'y en a pas pour tout le monde, et il n'y a que sept portefeuilles.

Or, il me semble assez juste, à moins d'être de mauvaise foi et de vouloir absolument chicaner, que ces places qui sont toutes à la disposition du chef de l'Etat, soient d'abord occupées par ceux qui lui sont dévoués, et qui, en maintes circonstances, lui ont donné des preuves d'un sincère attachement. Serait-il sage et prudent de confier l'administration de ses biens et de sa fortune à celui que l'on sait être tout-à-fait en opposition avec vos intérêts? Je ne le pense pas. Concluons donc que le Roi fait sagement de nommer aux charges de l'Etat les hommes qu'il sait lui avoir voué un attachement à toute épreuve. Ils le savent bien aussi, les fameux soutiens du peuple : aussi en sont-ils récompensés par leurs promenades départementales ; ils semblent attendre la fin de chaque session pour aller faire un voyage, chacun dans le lieu à lui désigné par le comité-directeur, qui a eu soin d'envoyer à l'avance gens dévoués, chargés d'annoncer l'arrivée de tel ou tel honorable, et de diriger tous les apprêts de la réception qui doit lui être faite. Cette année, c'est le tour du marquis de Lafayette ; sa route lui a été tracée, et l'Auvergne et le Dauphiné ont vu sa marche triomphale ; il faut convenir que rien n'a été ménagé, et que rien n'a manqué à la solennité de ce voyage.

Il n'y a qu'une seule chose qui cloche, c'est que cela me paraît bien usé, et que l'on peut y trouver un but qu'il ne serait pas très-honorable d'avouer ; car en voyant promener de ville en ville ces reliques de la révolution, cela me fait l'effet d'une châsse que l'on expose aux yeux des fidèles pour réchauffer leur ferveur. Or, quelle ferveur doit être réchauffée à l'aspect du vétéran de liberté, ainsi qu'on l'appelle, si ce n'est la ferveur révolutionnaire? Que signifient ces cris de *vive la liberté!* qui le suivent partout? ne sont-ils pas l'expression des sentimens d'une faction qui ne cache pas sa façon de penser, et que l'on ne devine que trop, en choisissant Lafayette pour guide?

L'on devrait bien s'apercevoir que ces hommes sont trop vieux; il en est de certains hommes d'Etat comme des pièces de circonstances : les uns et les autres sont empreints d'un vice radical; c'est l'esprit de parti qu'ils ont affiché dans le temps, qui doit les renvoyer tenir compagnie aux vieux bouquins dont ils deviennent désormais les compagnons. Il nous faut aujourd'hui d'autres hommes, et nous ne serons plus la dupe des jongleries de ceux qu'une triste célébrité accompagne encore.

Je sais que l'on va me répondre, car ces messieurs ont réponse à tout, que ce voyage n'a rien d'extraordinaire, que le général Lafayette allait à Grenoble passer quelque temps au sein de sa famille; car sa petite-fille a épousé un membre de la famille Perrier.

Cette réponse pourrait être prise pour argent comptant, si l'on ne savait d'ailleurs que l'important personnage de la fête était attendu dans toutes les villes où il est passé. Si le voyage du marquis de Lafayette n'avait pour but qu'une réunion de famille à Vizille, pourquoi ne pas prendre directement la poste jusque-là? ce qui était beaucoup plus simple, et ce qui hâtait le moment de presser sa famille dans ses bras. Mais on ne prévoit pas tout, et l'on ne pensait pas que les choses, qui, en apparence, avaient l'air le moins apprêtées, seraient précisément celles qui feraient voir le bout de l'oreille.

Et, en effet, que signifient ces cavalcades qui vont au-devant de l'illustre voyageur? que signifie cette phrase dans presque tous les discours qui lui sont adressés? « Lorsque vous avez » bien voulu nous écrire, général, que vous » daigneriez vous arrêter un instant dans nos » murs. » D'autres disent : « au sein de notre » ville. » Ceux-ci : « parmi nous. » Ceux-là : « au milieu d'une population avide de contem» pler les traits du père de la liberté. » Mais toujours est-il que ces mots sont précédés d'une phrase qui fait connaître qu'on attendait l'image ambulante du républicanisme.

Me voilà égaré sur les grands chemins, et, par le temps qui court, j'ai hâte de retrouver la route que je suivais; m'y voici. Nous parlions, je crois, des places à donner et de ceux qui devaient être appelés à les remplir; je crois qu'il résultait de notre calcul que tous les membres, ou du moins les membres les plus influens de l'opposition, étaient exclus des places dépendantes du gouvernement : il leur reste encore la tribune pendant la session, et les journaux toute l'année, pour battre en brèche la monarchie et ses dépendances, à l'abri de la Charte et du gouvernement représentatif.

Un ministère qui craignait de trop accorder, et qui n'obtenait pas assez ; un ministère nageant toujours entre deux eaux, et ne se prononçant point franchement pour tel ou tel parti, avait pris naissance en janvier 1828. Il s'est lentement traîné jusqu'au 8 août de l'année suivante, et son peu d'énergie l'a fait succomber. Usant du droit que lui donne l'article 14 de la Charte, d'une prérogative que rien ne pouvait empêcher, le Roi, dans sa sagesse, a cru devoir créer un nouveau ministère et le prendre tout entier dans le côté droit de la chambre des députés ; car, soit dit une fois pour toutes, le Roi est bien libre de donner sa confiance à qui bon lui semble, et critiquer son choix, c'est ne pas lui reconnaître la libre faculté de choisir. Eh quoi! un monarque comme Charles X, le chef d'une nation placée aussi haut dans la politique de l'Europe, n'aura pas le même pouvoir que celui qu'exerce un simple citoyen. Ce raisonnement est absurde, il est aussi ridicule que les vaines déclamations qu'on lit tous les jours dans les journaux.

Enfin, le Roi a choisi, et bien des espérances et des ambitions ont été trompées. Le Roi a choisi comme il l'entendait, il eût peut-être fallu qu'il demandât l'agrément du comité-directeur, et Dieu sait alors quels eussent été les élus!

Le Roi a choisi, et voilà toutes les feuilles libérales, ou soi-disant telles, déchaînées contre ce choix. Il n'y a plus rien de sacré pour elles, et comme si elles ne causaient pas déjà assez de scandale, elles appellent à leur secours tous les petits journaux, qui ne sont point en reste pour la turpitude et la méchanceté. On va fouiller jusque dans les plus petites actions des ministres, et leur vie privée n'est point à l'abri de l'insolence de la faction; à l'en croire, chacun d'eux est capable d'amener une révolution et de mettre la France à feu et à sang. Mais qu'elles se rassurent ces feuilles charitables et prévoyantes, il n'y aura point de révolution, il n'y aura pas même la plus petite réaction. Ce ne sera pas là leur compte; mais qu'y faire? chacun est libre de ses actions.

Je ne chercherai point à répondre aux mille et une absurdités qui ont été dites et redites dans les journaux; tel n'est pas mon but aujourd'hui, je veux seulement établir:

1° Que le nouveau ministère étant choisi par le Roi, tout respect lui est dû, parce que nous reconnaissons que le Roi ne peut mal faire;

2° Qu'il est constitutionnel, et qu'il est impossible qu'il ne marche pas toujours en harmonie avec la Charte et les égards dus au Roi;

3° Que les membres qui le composent sont tous dignes de la confiance que le Roi a mise en eux;

4° Que l'opinion de la France n'est pas tout entière dans les feuilles libérales;

5° Que le ministère Polignac obtiendra la majorité dans la chambre des députés par la confiance qu'il saura inspirer.

J'entre en matière.

CHAPITRE II.

Le nouveau ministère étant choisi par le Roi, tout respect lui est dû, parce que nous reconnaissons que le Roi ne peut mal faire.

La session venait d'être close; chaque député ou pair de France étoit retourné dans ses foyers, ou était allé se délasser des fatigues parlementaires dans sa maison de campagne ou dans son château: les journaux se lamentaient sur le peu de travaux d'une session qui, cependant, avait été longue et laborieuse. Dans les salons, on s'entretenait également de ce qui avait été fait; et excepté, disait-on, quelques lois sur des intérêts locaux et l'inévitable budget, tout se réduisait à rien ou à très-peu de chose.

Quand on disait peu de chose, on voulait dire en réalité; car le retrait d'une loi que les deux côtés de la chambre des députés voulaient arranger chacun à leur manière avait produit une profonde sensation dans le cabinet, et avait fait connaître au monarque comment et de quel côté il fallait chercher une majorité dans cette même chambre où tout semblait incertain. Ce qui était peut-être passé inaperçu avait laissé des traces profondes et difficiles à effacer.

En effet, combien de réflexions pénibles ne devait pas faire naître l'adoption de l'amendement de la commission, qui rejetait l'article premier de la loi municipale! résultat qui n'eût pas eu lieu, si l'extrême droite eût voté contre; mais elle resta immobile aux deux épreuves qui eurent lieu: alors le projet n'étant plus tel que le gouvernement l'avait présenté, le retrait eut lieu.

A cette considération vint se joindre une foule d'autres circonstances qui établissaient jusques à l'évidence, qu'il n'y avait point de majorité fixe dans la chambre des députés, et que le ministère

Martignac, soit par timidité, soit par concession, soit par ménagement, n'avait pas su s'en former une.

Il fallait sortir de cet état de choses et faire surgir du sein de la chambre un ministère qui pût compter sur une majorité, et il faut le dire, quelque forte que soit la vérité, sur une majorité réellement organe du Roi et de la Charte. Ce choix ne pouvait tomber que sur les sections de droite; le Roi l'avait senti, et le ministère Polignac et de La Bourdonnaye vit le jour.

Aussitôt toutes les passions se sont déchaînées, toutes les vieilles haines se sont ranimées, et la trompette d'alarme s'est fait entendre. Prenez garde à vous, s'est-on écrié de toutes parts; les hommes de 1815 reparaissent, ils sont arrivés au pouvoir. Leur escorte se compose de catégories, de censure, de réactions et d'injustices; et les feuilles libérales de se dépêcher de semer le trouble et la division, de soulever les partis. Il n'y a pas un instant à perdre; les journaux s'impriment même le 15 août, jour depuis long-temps consacré au repos de toutes les presses. Il semblait, à entendre ces messieurs, que chacun dût faire un retour sur lui-même pour s'assurer s'il n'avait pas encouru la mort, les galères, la réclusion, la prison, et même l'exposition; car des catégories allaient être créées, et chacun allait y être placé selon ses faits et gestes. A travers tout cela, si j'avais à choisir, époque pour époque, j'aimerais encore mieux les hommes de 1815, tout noirs qu'on les fait, que ceux de 89 avec leurs belles promesses; comme disait le bon Henri, la caque sent toujours le hareng.

En raisonnant de sang-froid, et en jugeant des événemens sans colère et sans passion, le premier sentiment qui nous anime en lisant ces innombrables déclamations, est celui de la pitié; car, en effet, quoi de plus ridicule que de chercher à comparer une époque toute de troubles, d'intérêts, de divisions et de réactions, à 1829? Quatorze ans se sont écoulés depuis ces temps de déplorable mémoire, et quatorze ans doivent avoir suffi pour consolider en nous l'esprit de légitimité et d'une sage liberté, telle qu'elle nous a été donnée par la Charte.

Si des hommes fidèles au Roi et à la Charte en 1815, ont été choisis par le Roi en 1829, pour faire partie de son conseil, doit-on en tirer la conséquence que tous les maux qui nous accablèrent à cette époque vont de nouveau fondre sur nous? Et, d'ailleurs, 1815 et ses suites furent-ils l'ouvrage des ministres actuels? Certes, s'il n'eût tenu qu'à eux d'empêcher le 20 mars, nous n'eussions pas vu une seconde fois les hordes étrangères envahir notre patrie, et nous imposer des conditions auxquelles nous avions échappé lors de la première entrée.

L'on exigerait peut-être que le Roi eût plus de confiance dans les individus qui, depuis 89, n'ont cessé de faire partie de toutes les assemblées et de toutes les oppositions qui ont lutté contre la monarchie; en conscience, cela n'est pas possible, et cette exigence ressemble par trop à de la folie. Il eût peut-être fallu nommer ministres des cultes, ou de l'instruction publique, l'abbé Grégoire, ou M. de Pradt, qui a donné sa démission de député, parce que les choses ne marchaient point assez vite à son gré: la jeunesse eût eu dans ces deux hommes des ministres qui eussent prêché d'exemple par leur amour pour la royauté, et c'est alors que la faction se fût écriée, dans un saint enthousiasme, que la France avait tout à espérer de la jeunesse qui s'élevait sous d'aussi grands maîtres. Il eût fallu distribuer les autres portefeuilles à des citoyens d'opinions semblables à celles de ceux que je viens de citer; donner, par exemple, la guerre à La Fayette, l'intérieur à Benjamin Constant, les finances au baron Méchin, ce qui lui aurait assez convenu, etc. Je comprends qu'alors les journaux eussent retenti de l'éloge du nouveau ministère; c'eût été à qui aurait proclamé le plus haut que le Roi prouvait qu'il maintenait le serment qu'il avait prêté à Reims, comme s'il y avait jamais manqué, et que le grand œuvre du maintien de la Charte s'accomplissait. Mais c'est alors que l'on eût vu les destitutions parcourir la France entière, car en accordant la cause, il faut bien aussi en accorder les effets. Un ministère composé comme je viens de le dire, eût été obligé de reculer devant le mal qu'il devait faire, et je ne lui eusse pas donné quarante-huit heures d'existence paisible, à moins de s'établir sur les ruines de la royauté et les débris de la France insurgée.

Mais, s'écrie-t-on, avec un ministère tel qu'il est composé, nous allons voir le clergé reprendre toutes ses prérogatives, et la noblesse nous ramener au bon temps de la féodalité. Pauvres gens, soyez donc conséquens avec vous-mêmes! Vous dites et vous ne cessez de répéter que notre éducation constitutionnelle est trop avancée pour que nous puissions de nouveau être courbés sous tous les us et coutumes qui existaient avant la révolution, que la France libérale est trop éclairée, et que la génération qui grandit connaît trop ses droits pour que jamais l'on puisse en venir là ; et, à propos d'un changement de ministère, nous devenons des ignorans, des imbécilles, que l'on va mener par le bout du nez : il y a vraiment de quoi rire.

D'abord tel n'est pas le but du gouvernement, nos institutions s'y opposent, et ensuite je vous accorde quelque chose de votre dernier raisonnement, je ne veux pas avoir l'air de faire de l'opposition par esprit de parti : il est des points sur lesquels les gens raisonnables s'entendent toujours quand ils y mettent un peu de bonne volonté. Je suis de cette génération qui grandit, et je sais que, pour mon compte, ce ne serait qu'à mon corps défendant que je voudrais me soumettre à payer seul les impôts parce que je suis roturier, ou à ne me marier ou à marier mes filles que sous le bon plaisir de mon seigneur, qui préleverait certain droit que les maris aiment beaucoup à prélever eux-mêmes; à donner au clergé, au haut clergé surtout, déjà assez largement doté, le dixième de mon revenu pour voir rouler un évêque en carrosse, ce qui n'est pas très-évangélique, pendant que moi, pauvre hère, j'irais à pied et suerais sang et eau pour nourrir et élever ma famille. Je conçois que toutes ces choses-là vous répugnent, et, je vous le répète, vous n'avez pas tout-à-fait tort; mais comme je vous le disais, telle n'est pas l'intention du nouveau cabinet.

Vous ne serez pas assez exigeans pour ne pas accorder aux ministres actuels, parce qu'ils sont ministres, le même talent et la même perspicacité que vous leur accordiez lorsqu'ils n'étaient que députés ou fonctionnaires publics. Eh bien! ils étaient jeunes encore au 14 juillet 89; ils n'étaient pas encore encroûtés des vieux préjugés, pour me servir de vos expressions, ils ont donc grandi avec notre régénération, car c'est ainsi que feu M. Manuel appelait la révolution et toutes ses suites; et vous ne pensez pas que quarante ans d'expérience passés au milieu de la tourmente républicaine, de l'empire et de la restauration, aient pu leur faire comprendre la marche qu'ils avaient à suivre. J'ai meilleure opinion de vous, surtout en comptant dans vos rangs des gens d'un talent distingué, mais dont les opinions ne sont point en harmonie avec les miennes, du moins sur tous les points.

Eh bien! si, éclairé par une longue et pénible expérience, le ministère nouveau a bien compris la marche qui lui est tracée, et qu'il prouve déjà vouloir suivre, le choix du Roi est justifié. Le monarque ne s'est point trompé; il a placé au timon de l'État des gens fermes et dévoués, capables de soutenir tout le poids des charges qui leur sont imposées.

Pendant quatorze ans, ils ont fait partie de ce côté qui défendit le Roi et toutes ses prérogatives. La Charte est le palladium de nos libertés; mais il ne faut pas croire que tout pouvoir réside dans cette Charte, et que le Roi ne puisse rien faire sans elle; le Roi et la Charte sont inséparables.

Deux liens unissent Charles x à son peuple, l'amour qu'il doit inspirer, comme roi et père de tous, et la Charte, comme chef suprême de l'État.

Le Roi ne peut mal faire, avons-nous établi en principe: eh bien! le Roi a choisi les ministres; c'est un acte de sa volonté ; il n'est donc permis à personne de le critiquer. Mais, va-t-on me répondre, nous sommes loin de vouloir critiquer cet acte; personne plus que nous ne respecte la prérogative royale. La réponse est astucieuse, mais elle n'est pas péremptoire. Si vous n'allez pas directement jusqu'à la personne du Roi, ce n'est peut-être pas la bonne volonté qui vous manque: vous redoutez les moyens coercitifs; vous y arrivez par une voie détournée qui n'en vaut guère mieux. Eh! soyons de bonne foi et ne jouons pas sur les mots! abordons franchement la question. Dire que le nouveau ministère a été formé pour le malheur de la France, n'est-ce pas dire que le Roi veut le malheur de la France, puisque c'est lui qui l'a formé? Dire que 1815 va revenir avec les catégories et les échafauds, parce que nous avons le ministère Polignac, n'est-ce pas dire que le Roi veut 1815, les catégories et les échafauds, puisque c'est lui qui a créé le ministère Polignac? En vérité, cela fait frémir ; et voilà pourtant les conséquences de votre système; elles sont claires et précises, puisque le système existe. Je sais que lorsque l'on écrit à la hâte et sous l'influence d'un parti, on ne réfléchit pas à tout; mais il est de ces choses qui sont les réflexions de chaque instant.

Résumons-nous donc, et disons que toutes les accusations dirigées contre les nouveaux ministres portent atteinte à la prérogative royale, parce que ces nouveaux ministres ne se sont pas créés seuls; et d'ailleurs il est un adage bien positif: Qui critique l'œuvre, critique l'auteur.

Respectons les ministres, et nous aurons respecté le Roi.

CHAPITRE III.

Le nouveau ministère est constitutionnel, il est impossible qu'il ne marche pas toujours en harmonie avec la Charte, et les égards dus au Roi.

La politique d'un gouvernement constitutionnel représentatif est de faire marcher les trois pouvoirs sur la même ligne; il est de l'intérêt de chacun de ces pouvoirs de ne point se mettre en état d'hostilité avec chacun des autres; l'accord le plus parfait doit régner entre eux pour concourir avec plus de force et d'union au maintien du pacte fondamental qui les a établies et qui est leur source vitale. Ils se doivent un mutuel appui, et comme les roseaux de la fable, leur union fait leur force.

Ce sont ces vérités qui, bien senties et mises à exécution, soutiendront et consolideront le ministère actuel; aussi tous les cris qu'il a entendus, et qu'il entend encore tous les jours, ne peuvent l'émouvoir et ne le font point sortir de la route de modération qu'il a embrassée. C'est un ministère d'exception, s'écrie-t-on de toutes parts; c'est un ministère qui va anéantir et engloutir toutes nos libertés, et le jour de son existence a été un jour de deuil pour la patrie. Il n'était pas encore complet que déjà il semblait escorté de la censure, des lettres de cachet, d'ordonnances; la chambre des députés devait être dissoute, et la Charte brisée. Vains bruits! vaines clameurs! rien de tout cela n'est arrivé; le nouveau ministère s'est organisé; il a marché et marche encore ferme au milieu des bruits de toutes les feuilles, voire même d'un grand nombre de pamphlets qui parlent pour ne rien dire, et qui se permettent quelques mauvaises plaisanteries, au lieu de traiter quelque bonne question de droit politique, ce qui vaudrait beaucoup mieux; mais il est bien plus aisé de déchirer un homme à belles dents que d'écrire quelque chose de bon.

Les ministres sont arrivés au pouvoir le 8 août

1829; ils se sont trouvés placés vis-à-vis de la liberté de la presse, de la chambre des députés, de la Charte et de nos lois; ils n'ont touché à rien; ils ont respecté les constitutions de l'État; ils se sont montrés les ministres d'un Roi vraiment constitutionnel, voilà la seule réponse qu'ils aient dû faire à leurs détracteurs.

J'entends quelqu'un m'adresser ces mots : Que direz-vous des démissions qui ont été données depuis la formation du nouveau ministère? Eh mon dieu! je ne suis point embarrassé pour répondre à une pareille objection, et je devrais bien la laisser sans réponse; mais je veux aller jusqu'au bout, et pour cela faire, je m'adresse aux journaux; je leur dis (c'est-à-dire à ceux qui les dérigent) : Messieurs, si vous êtes payés pour faire des réputations et donner de la popularité à tant la ligne, il faut convenir que vous gagnez loyalement votre argent.

Mais si, au contraire, tel ou tel démissionnaire ne vous a pas payé pour prendre soin de sa renommée, de quoi vous avisez-vous de mettre sur votre journal ces mots : « On ne doute pas que, » dès que monsieur un tel apprendra la formation » du nouveau ministère, il n'envoie sa démission » de... » De quel droit venez-vous sonder mes intentions, et appeler sur moi une attention que je suis loin de rechercher? Si j'ai une démission à offrir, cela me regarde, je pense, et je n'ai besoin d'y être contraint par personne.

Mais ce n'est pas ainsi que vous vous y êtes pris, vous êtes trop fins pour cela, et pour avoir l'air d'en imposer et de frapper à coup sûr, vous vous êtes adressés à des hommes dont vous étiez sûrs d'avance, et vous vous êtes bien gardés de citer des noms de fonctionnaires qui n'eussent fait aucun cas de votre aimable invitation en forme de note dubitative; votre but n'eût pas été atteint, et le grand effet eût manqué. Voici donc ma réponse : Toutes les démissions, ou du moins à une ou deux près, offertes et acceptées, ont été l'effet d'un moment de dépit et de mauvaise humeur; de dépit de voir dissoudre un ministère qui promettait quelques faveurs à ces messieurs, et de mauvaise humeur, en voyant le nouveau composé de membres qui certes n'étaient point disposés à chercher un appui dans les sections de gauche de la chambre des députés. Et puis, on a cru un moment faire un bel acte de popularité; moi, j'appelle cela une belle et bonne sottise : il eût fallu attendre la nouvelle convocation des chambres; que risquait-on? On était toujours à temps de donner sa démission, si la marche du ministère n'était point en harmonie avec sa manière de voir.

On a cru aussi effrayer les ministres, leur faire

croire qu'ils pesaient tellement sur la France, que les hauts fonctionnaires les repoussaient; il n'y ont pas seulemeut fait attention; ils ont accepté les démissions; les places seront remplies par d'autres personnes : on criera alors à la destitution, à la réaction! Oh! pour le coup, c'est trop fort, messieurs! on ne vous a pas renvoyés, il fallait rester. Quoi! parce que vous vous retirez, il ne faudra pas en nommer d'autres à votre place; c'est sans doute une plaisanterie; elle est hors de saison. Il fallait rester : peut-être le sentez-vous déjà; mais il n'est plus temps.

Les ministres n'ont donc rien changé, ils n'ont touché à rien, et vraiment ces cris et cette terreur panique du parti ultra-libéral seraient tout-à-fait plaisants, s'ils n'avaient pas leur mauvais côté. Le voici : il faut convenir que les ministres, quelque méchans et quelque noirs qu'on les peigne, ont cependant une grande dose de patience, car ils ne sont pas sans lire les journaux, et les petits et les grands. Faites-moi le plaisir de me dire s'il n'y a pas, dans presque tous, de quoi faire mourir vingt fois sous le bâton tous leurs rédacteurs. La leçon serait un peu forte, mais elle est bien méritée.

Dites-moi, s'il vous plaît, quel est le simple citoyen qui, se voyant outrager, injurier, déchirer, comme le sont tous les jours les ministres, n'irait pas vous administrer une correction, à l'instar de celle que Figaro veut administrer à Bazile. Eh bien! loin de tout cela, on vous laisse tout dire et tout faire; on pourrait vous bâillonner, et certes les causes ne manqueraient pas : eh bien! on vous laisse aller, et vous criez à la tyrannie! Je ne dirai pas que vous usez largement de la liberté de la presse, je dirai de la licence, et de la licence la plus effrénée; et l'on vous regarde en pitié, et l'on se tait. Il est très-possible que cette conduite, tout à la fois noble et indépendante, vous mette davantage en courroux; mais que voulez-vous? c'est la vengeance de vos ennemis, puisque vous les appelez ainsi, et je trouve qu'elle en vaut bien une autre. Vous voudriez que l'on exerçât envers vous un petit acte de sévérité, qui, du reste, serait bien pardonnable, car vous faites tout ce qu'il faut pour cela, pour avoir ensuite sujet de publier partout que vous ne vous êtes point trompés; que tout ce que vous aviez prédit est arrivé: mais soyez tranquilles, on ne vous donnera point ce plaisir-là; le ministère restera attaché au Roi et marchera dans une ligne constitutionnelle: d'ailleurs, il ne se laissera point prendre à tous les piéges que vous cherchez à lui tendre; il est aussi fin que vous; les membres qui le composent ont long-temps combattu contre vous; ils connaissent votre tactique, et cela leur suffit; il vous laissera crier ; il sait que vous vous lasserez ; et quand vous aurez bien médit, bien calomnié, bien vociféré, vous vous tairez, et vous serez tout sots de n'avoir pas seulement excité la plus petite émeute.

Voilà donc le ministère constitutionnel en dépit des journaux, puisqu'il laisse à chacun la libre jouissance de ses opinions et le droit de la publier d'un bout de la France à l'autre. Qu'y a-t-il à répondre à cela? rien, que je sache; alors je passe à un autre chapitre.

CHAPITRE IV.

Les membres qui composent le ministère sont tous dignes de la confiance que le Roi a mise en eux.

M. LE PRINCE DE POLIGNAC.

Il me semble que lorsque quelqu'un nous a donné, pendant quarante ans et plus, la preuve du plus sincère dévoûment; lorsque ce serviteur zélé a affronté mille dangers; lorsqu'il a vu sa tête prête à rouler sur l'échafaud, il me semble, dis-je, que cet homme doit être digne de toute notre confiance, ou il ne sera plus permis de la placer nulle part. Tel est le prince de Polignac, ministre des affaires étrangères.

Ce généreux gentilhomme, après avoir suivi la famille royale sur la terre d'exil, se sépara d'elle pour tout tenter, afin de coopérer à la replacer sur le trône de ses ancêtres. Je le demande aux moins accommodans, est-ce là un acte qui doive empêcher M. de Polignac d'être ministre des affaires étrangères ? Son nom figure partout où il y a du danger à courir. Vingt fois arrêté et incarcéré, il n'échappa à la mort que par miracle ; et s'il obtint sa grâce lors du fameux procès de George, c'est que l'on recula devant le nombre de victimes qu'il fallait immoler, comme complices d'une conspiration ourdie pour se défaire de tout ce qui portait ombrage à l'ambition de cette époque. Pichegru, justement aimé du soldat, jouissant d'une réputation à l'abri de tout reproche, et pouvant balancer la destinée de Bonaparte, succomba. Les murs de son cachot savent seuls quels furent ses assassins. Le prince de Polignac fut sauvé. On voulut encore l'impliquer dans une autre conspiration ; mais il parvint à s'échapper, et bientôt l'heure des récompenses sonna pour lui, comme pour tant d'autres défenseurs de la légitimité.

Après avoir vécu sans ambition à la cour de Louis XVIII pendant huit ans, ce prince le nomma à l'ambassade d'Angleterre, et Charles x vient de récompenser sept années de services actifs et pénibles, en lui donnant le portefeuille des affaires étrangères.

Ses talens, comme ministre, ne doivent point être révoqués en doute; à une profonde instruction, le prince de Polignac joint une grande connaissance de la diplomatie; ses différens séjours dans toutes les cours de l'Europe, son séjour en Angleterre comme ambassadeur, lui ont acquis de grandes notions sur la politique de chaque cabinet. C'est, je pense, le meilleur ministre qui puisse bien occuper le département qui lui est confié. Et voilà l'homme que l'on cherche à flétrir aux yeux de la nation!

M. LE COMTE DE LABOURDONNAYE.

M. le comte de Labourdonnaye a également fait ses preuves; sa fidélité à la famille royale est connue. Forcé, par les événemens qui suivirent 89, de chercher son salut chez l'étranger, le nouveau ministre de l'intérieur y suivit la légitimité persécutée; il chercha également le moyen de ramener le Roi en France; mais tous ses efforts furent infructueux, et, lors de l'amnistie accordée aux émigrés, il rentra dans sa patrie.

Sous l'empire, M. de Labourdonnaye occupa la modeste place de maire d'Angers; il n'exerça point de fonctions salariées. Ainsi, je ne vois pas trop comment on pourrait induire de là qu'il fût tout dévoué à Bonaparte; car on sait que Bonaparte récompensait ses créatures autrement qu'en les nommant maires.

La restauration trouva le maire d'Angers dans sa paisible fonction. Louis XVIII venait s'asseoir sur les fleurs de lys, et M. de Labourdonnaye reparut devant son roi. Il n'accepta aucune fonction pendant les cent jours, et le 8 juillet 1815 le retrouva fidèle au serment qu'il avait prêté au Roi. Il fut alors nommé membre de la chambre des députés. Les journaux se sont emparés d'un discours qu'il prononça à cette époque, et lui en font un reproche. On lirait bien autre chose, s'il fallait exhumer tous les discours de ceux qui se prétendent les champions de la liberté! Et d'ailleurs, ce discours n'a rien de si extraordinaire; et puis, il faut se reporter aux temps où il fut prononcé, et l'on se convaincra qu'il était impossible qu'il ne se ressentît pas de la fermentation qui agitait tous les esprits. Les royalistes n'avaient pas trop à se louer du 20 mars; le Roi avait été lâchement trahi et abandonné par tous ceux qui lui avaient juré fidélité, aussi y eut-il quelques victimes lors de la seconde rentrée, suite inévitable de toute réaction.

Lorsque le nom de M. de Labourdonnaye sortit de l'urne électorale en 1827, son élection fut appelée constitutionnelle par les mêmes journaux qui l'attaquent aujourd'hui. Est-ce que M. de Labourdonnaye n'est plus le même parce qu'il est ministre? Je crois que voilà le mot de l'énigme! on ne veut pas l'avouer, mais il se devine.

Il me semble cependant que la circulaire du nouveau ministre de l'intérieur devrait être une garantie qu'il donne sur la manière dont il compte administrer; mais on l'a torturée pour y trouver quelque chose qui pût donner matière à dire quelque méchanceté. Aussi l'on s'est bien gardé de citer cette phrase qui peint toute la conduite qu'un préfet doit tenir pour être en harmonie avec les intentions du ministère : « Placé entre » les libertés publiques (le préfet), que la vo» lonté du Roi est de maintenir, et les écarts de » la licence qu'il importerait de réprimer, votre » devoir est de faire exécuter les lois sans accep» tion d'opinion et de personnes : non toutefois » en instrument aveugle et passif, mais en admi» nistrateur éclairé, juge appréciateur des cir» constances, et toujours dirigé par l'intérêt pu» blic et un généreux dévoûment. » Je ne cite que ce passage, et je renvoie pour le reste aux journaux du 15 août, où la circulaire se trouve en entier. Je défie le plus mal-intentionné personnage de trouver dans ce passage et dans tout le reste le moindre mot offensif ; tout, au contraire, est rassurant, et l'on ne pouvait point attendre autre chose de M. le comte de Labourdonnaye.

M. COURVOISIER.

Les sceaux ont été confiés à un homme dont certes il sera impossible de suspecter la fidélité, puisqu'il a émigré avec la famille royale et n'est rentré qu'avec elle ; il a combattu pour la rétablir, et n'ayant pu y réussir, il ne l'a point abandonnée. Député en 1816, il se rangea du côté du Roi et de la Charte, et son dévoûment ne se démentit jamais : c'est un ministre sur lequel le Roi peut compter. Il ne s'est point trompé en l'appelant dans son conseil.

M. LE COMTE DE BOURMONT.

M. de Bourmont a reçu le portefeuille de la guerre, et il a été en butte à toute la haine libérale. Et pourquoi ? pour avoir été fidèle au Roi. Emigré, comme ses précédens collègues, il combattit pour la légitimité ; il fut poursuivi, incarcéré sous l'empire ; on l'appelait le royaliste, et quel mal y avait-il à cela ? c'est un nom dont il est glorieux. Enfin, il se rangea sous les drapeaux qui conduisirent l'armée française en Russie, parce qu'alors on se battait, du moins le pensat-on, pour l'honneur national; il gagna tous ses grades sur le champ de bataille, et on le vit un des derniers à déposer les armes, lorsqu'il fallut disputer la France pied à pied à l'étranger. Le 30 mars 1814 le délia de son serment, et Louis XVIII retrouva en lui un général fidèle et dévoué.

L'horizon se rembrunit encore une fois, et la famille royale fuit de nouveau la capitale : M. de Bourmont reste; mais c'est pour servir le Roi. Bonaparte n'était plus pour lui qu'un usurpateur, un homme qui faussait lui-même son serment en entrant à main armée sur une terre qui lui était interdite, et en venant détrôner un roi légitime. Il était hors la loi. M. de Bourmont trouve le moyen de servir le Roi en restant en France, je ne dis pas en trahissant l'usurpateur ; il ne lui devait rien. Il reste : le Roi sait apprécier ce service, et plus tard le ministère de la guerre lui est confié.

M. LE BARON D'HAUSSEZ.

Le ministère de la marine a été donné à M. le baron d'Haussez, homme probe et loyal, bon et zélé administrateur. Le nouveau ministre connaît toute l'importance du département qui lui est confié; ses principes monarchiques et constitutionnels sont connus du Roi, et cela suffit à M. d'Haussez; il saura remplir sa mission, et toutes les criailleries ne l'effraieront point; ce sont des vagues qui viendront se briser contre un rocher ferme et inébranlable.

M. LE COMTE DE CHABROL DE CROUSSOL.

M. le comte de Chabrol de Croussol, ministre des finances, est un des plus zélés soutiens du trône des Bourbons; il a déjà eu d'autres portefeuilles; cela justifie la confiance que le Roi a établie en lui. Sa fidélité à remplir les diverses fonctions qu'il a occupées, est un sûr garant de l'intégrité et du dévoûment avec lequel il s'acquittera du nouveau mandat que vient de lui confier la munificence royale.

M. LE BARON DE MONTBEL.

M. le ministre de l'instruction publique possède, quoiqu'en aient dit les journaux de l'opposition, tous les talens qu'exige le ministère qu'il est appelé à diriger. Son dévoûment au Roi a toujours été inébranlable, et il est du nombre de ceux qui, aux dernières sessions, ont soutenu l'intérêt du trône. Le Roi vient de l'en récompenser, et en même temps, il a placé dans son conseil un ministre homme de bien, ce qui ne se rencontre pas toujours; mais il est certains rangs dans lesquels on est sûr de rencontrer des hommes probes et vertueux.

Je viens d'énumérer tous les titres des nouveaux ministres à la confiance royale ; ils en valent bien d'autres ; d'ailleurs ils rassurent tous les vrais amis du trône et de la Charte, et le but est rempli. Je sais bien quel est le défaut de ce ministère, c'est d'avoir été pris parmi ceux qui sont réellement dévoués à la royauté : c'est une tache dont ils ne se laveront jamais, mais qu'ils pourront toujours montrer avec honneur.

CHAPITRE V.

L'opinion de la France n'est pas tout entière dans les feuilles libérales.

Malgré toutes les voix ennemies qui pourront s'élever contre moi, il faut ici que je m'explique franchement ; j'en demande pardon d'avance à ceux qui ne professent pas la même opinion que moi, mais il est nécessaire que nous nous entendions bien sur ces mots, constitutionnalité, charte, libéralisme, absolutisme, et ultra.

Il existe en France, et cela n'est malheureusement que trop vrai, deux opinions bien prononcées : l'une monarchique et constitutionnelle, et c'est la nôtre ; l'autre se disant constitutionnelle, mais au fond étant anti-monarchique et subversive du régime sous l'empire duquel nous vivons. J'ai bien entendu dire qu'il y en avait une troisième qui se rattachait à l'ancien gouvernement; mais je n'y crois pas, surtout depuis la mort de son chef. Ce parti s'est éteint et s'est fondu dans la seconde opinion. D'ailleurs, l'opinion constitutionnelle repousse de toute sa force toute influence ou alliance avec l'Autriche, et comme tout ce qui est en opposition avec le royalisme se dit constitutionnel, je crois nécessairement qu'il y a fusion; et alors conserver la troisième opinion serait être en contradiction avec soi-même, puisque tout nous arriverait de Vienne : je n'aurai donc à m'occuper que des deux premières nuances d'opinions que je viens de tracer.

Et d'abord qu'est-ce que l'opinion monarchique constitutionnelle ? C'est celle qui reconnaît en première ligne le Roi comme principe de toute législation, comme la source vitale de tout ce qui nous régit, puisqu'il a l'initiative de tout ce qu'il juge être dans l'intérêt de ses sujets, puisque aucune loi, rien enfin, ne peut être discutée par les deux autres pouvoirs de l'Etat qu'au préalable le Roi n'en ait présenté le projet. L'une des deux chambres juge-t-elle convenable que telle ou telle mesure, telle ou telle loi puisse nous convenir; alors elle supplie très-humblement le Roi de prendre l'initiative, et de proposer la mesure ou la loi qu'elle a l'honneur de lui soumettre. Voilà donc un droit incontestable, c'est de reconnaître le Roi avant toute chose, puisque tout est subordonné à sa volonté.

Mais aujourd'hui, nous ne sommes plus sous le règne de l'absolutisme ; il ne dépend plus de la volonté du souverain, comme sous les anciens rois, et c'est une reconnaissance de plus que nous avons à l'auguste maison qui nous gouverne, de rendre telle ou telle ordonnance, selon son bon plaisir ou celui de ses courtisans, et qui avait ensuite force de loi. Le roi législateur le sentit bien lorsqu'il reprit le trône qu'avaient immortalisé saint Louis et Henri IV ; il sentit que les Français du dix-neuvième siècle n'étaient plus ces Français courbés vers la glèbe, et sujets de comtes et de barons. Il trouva une génération toute nouvelle et digne en tout de fonder un empire dont les bases devaient être scellées par un lien qui unirait à jamais le peuple à son roi. Louis XVIII donna la Charte. Voilà le palladium qui nous préservera à tout jamais des machinations des hommes jaloux du repos dont nous jouissons, et de l'influence du système révolutionnaire.

J'ai dit qu'en première ligne devait marcher le Roi ; je ne mettrai pas la Charte sur une seconde ligne : je la placerai à côté du monarque ; car, d'après notre constitution, ils ne peuvent point marcher l'un sans l'autre ; c'est ainsi que j'établis l'opinion monarchique constitutionnelle. Mais c'est la nôtre, va-t-on me répondre de toute part, et je le verrai peut-être imprimé en beaux caractères sur les feuilles de la contre-opinion ; mais je ne me laisse point prendre à votre aveu ; il paraît naïf et sincère, mais il n'est que spécieux, et cache une arrière-pensée que je vais vous expliquer.

Lorsque la Charte nous fut octroyée, quelque puissance en imposa-t-elle l'obligation à son auguste auteur? — Non. — Nous fut-elle donnée de plein gré, avec cette munificence royale qui caractérise si dignement l'illustre famille des Bourbons? — Oui. — Eh bien ! puisque Charles X ne règne point parce que nous avons une Charte, mais par ordre légitime de successibilité; puisque les Bourbons existaient long-temps avant la Charte; puisque la Charte fut bénévolement donnée, et en raison de nos besoins sociaux, pourquoi vouloir sans cesse l'interposer entre l'autorité du souverain et certains droits que l'on voudrait attribuer au peuple, et que ce code politique ne lui a point donnés? Pourquoi, lorsque le Roi fait un acte de sa libre volonté, a-t-on de suite recours à la Charte, comme dans un procès on a recours au code pour voir si la procédure ou si le jugement ne sont point entachés de quelques nullités.

De quel droit s'arroge-t-on le pouvoir d'aller pousser ses investigations jusque dans les actes que le Roi peut faire par les droits que lui donnent sa naissance et nos institutions ? C'est, en d'autres termes, dire au souverain : Vous avez donné une charte ; il ne vous sera permis d'agir qu'autant qu'elle vous en aura donné le droit ; vous nous l'avez donnée de votre plein gré : mais puisque maintenant elle existe, chacun a le droit de vous demander compte de votre gestion ; la Charte maintenant est pour vous un rappel à l'ordre ! Voilà ce que j'appelle l'opinion anti-monarchique, et l'opinion professée tous les jours, presque jusque sur les marches du trône.

Insensés que vous êtes, voulez-vous donc, par votre conduite insolente, forcer le monarque à se repentir du bienfait qu'il vous a accordé ; voulez-vous donc, par vos clameurs, le mettre dans la dure nécessité d'user contre vous de toutes les rigueurs qui sont en son pouvoir de déployer ? Il ne le veut pas ; son noble cœur saigne en considérant l'ingratitude dont vous le payez.

Et vous croyez, messieurs de la contre-opinion, que vos feuilles contiennent l'expression des sentiments de la France. Ah ! détrompez-vous ! Vous êtes désavoués par tout ce qu'il y a de gens dévoués au Roi et à nos institutions ; nous voulons la liberté de la presse, mais sans licence ;

nous voulons la Charte, mais sans qu'elle puisse attenter à la prérogative royale; nous voulons la liberté, mais une liberté sage qui ne puisse point dégénérer en anarchie; nous voulons le libre exercice des religions, mais nous ne voulons point étouffer la religion de l'État, qui est celle de nos pères; nous voulons la tolérance, mais nous ne voulons point nous apitoyer sur le sort du vil scélérat avec autant d'abandon que nous pourrions le faire sur l'infortune d'un malheureux qu'un moment d'erreur aura fait descendre au dernier rang de la société. Nous la voulons cette tolérance, non pour nous seuls, mais pour tous; nous voulons l'indépendance de la magistrature, mais nous désirons qu'elle fasse la juste application des lois, à chacun selon ses méfaits, sans acception de rang et d'opinion. Enfin, nous voulons jouir de tous les droits qui nous sont assurés par nos institutions, mais en hommes sages et dévoués au Roi et à la France.

Voilà ce que nous voulons, et nous savons que votre vouloir n'est pas tout-à-fait le même; c'est pourquoi je vous le dis et je vous le répète, nous ne sommes pas d'accord : aussi vous ne pouvez pas exprimer une opinion qui n'est pas la vôtre; vous n'êtes pas plus l'expression de nos sentimens que nous sommes l'expression des vôtres; renvoyons à chacun ses œuvres; gardez les vôtres, elles ne nous font point envie; il y a de ces poids qui sont trop lourds et dont il est impossible de se charger.

CHAPITRE V.

Le ministère Polignac obtiendra la majorité dans la chambre des députés, par la confiance qu'il saura inspirer.

C'est ici que le parti libéral concentre tous ses efforts, c'est pour cette attaque qu'il a conservé ses troupes d'élite, et il s'avance fièrement en disant : Vous êtes ministre, tant mieux pour vous; cela pourra bien durer quelque temps encore; mais, à la prochaine session, votre ministère s'évanouira devant l'imposante majorité constitutionnelle de la chambre des députés, comme la rosée du matin s'évanouit devant un beau soleil du mois de mai. La comparaison est assez bien; elle a même quelque chose de riche et d'élégant, on peut même y remarquer du persifflage; mais elle pèche d'un côté, car il est fort douteux que la majorité de la chambre fasse le même effet que le soleil du mois de mai. Je crois qu'elle ne sera pas aussi chaude, qu'elle sera beaucoup plus calme qu'on ne le désire, et que la rosée aura le temps de produire tout l'effet qu'on pouvait en attendre. Mais cessons de plaisanter, et venons au fait ; car la question ne serait pas du tout plaisante, si, comme ces messieurs le désirent, ils pouvaient aussi facilement dicter des votes qu'ils dictent des démissions et des sérénades.

Je n'ai jamais été député, je ne suis point encore d'âge à l'être, et je ne pense pas que si j'atteins l'âge d'éligibilité, ma fortune et mes talens puissent me donner le droit de prétendre à un poste aussi honorable. Mais, si je comprends bien le mandat d'un député, je ne crois pas être obligé de voter comme mon voisin, parce que je siégerai sur le même banc. S'agirait-il donc de s'asseoir à une place pour être sans cesse en opposition, soit avec le gouvernement ou avec un côté de la chambre? je ne le pense pas. Comme député, je dois voter selon ma conscience avant toute considération. Est-ce que, parce que le ministère n'aura pas été choisi dans les rangs où je siégerai, je serai contraint de voter contre tout ce qui émanera de lui! Quoi! par amour-propre, par entêtement, et pour ne pas déplaire à certaine coterie, ma boule rejettera une loi qui peut être salutaire à mon pays, je fausse mon mandat, et je deviens indigne de la confiance de mes concitoyens!

Autre exemple. Le ministère aura été choisi

dans les rangs où je siége, et par cela même je suis forcé de devenir son très-humble complaisant, et de dire *amen* à tout ce qu'il proposera. Ce raisonnement est aussi ridicule que l'autre. Il faut donc supposer pour cela faire le ministère infaillible; il n'y a donc que lui qui puisse bien faire. Mes commettans, en me confiant leurs intérêts ne m'ont pas dit: Allez, épousez tel parti, et, quoi qu'il advienne, devenez-en l'esclave. Non, tel n'a pas été leur langage. Ils m'ont dit: Nos suffrages vous ont appelé à siéger au sein de la chambre des députés; allez remplir votre mission; portez au Roi l'assurance de notre amour et de notre entier dévoûment; n'épousez la querelle de personne. Sans trahir les devoirs qui vous sont imposés comme sujet du roi de France, souvenez-vous que nous mettons entre vos mains et sous la sauve-garde de votre conscience, nos biens, nos enfans, et, bien plus encore, nos libertés et l'indépendance dont le Roi nous a fait jouir. Que si quelques hommes, jaloux de notre bonheur, voulaient, par leur imprudence, mettre en péril ce que nous vous confions, cherchez à les ramener dans la bonne voie; opposez-vous de toutes vos forces à leur coupable ambition, mais n'oubliez jamais que vous êtes médiateur entre le Roi et son peuple. Voilà ce que je comprends, et voilà tout mon devoir.

La chambre des députés est trop bien composée pour ne pas sentir qu'un ministère sage et ami de la monarchie et de nos institutions est celui qui convient le mieux à la France ; elle comprendra qu'il est de son devoir de se rallier autour du trône et de notre pacte social. C'est par une unité de sentimens qu'elle prouvera aux détracteurs de notre pays que nous n'avons pas besoin d'être sous l'influence de l'Angleterre ou de l'Autriche pour nous gouverner. C'est une injure grave adressée à la nation que de lui dire que tous ses actes ne sont que le résultat de la volonté de tel ou tel cabinet. La France est assez forte par elle-même pour savoir se passer de la tutelle des autres puissances.

C'est, pénétrée de ces principes, que l'on verra surgir de la chambre des députés une majorité monarchique et constitutionnelle. Quelques membres qui n'osaient point encore se prononcer, n'hésiteront plus en voyant un ministère marcher d'un accord unanime et aborder toutes les questions sans ambiguité ; car, ainsi que je l'ai déjà dit, tous les membres qui le composent sont connus par leur dévoûment au Roi et à nos institutions.

La chambre sera dissoute, a-t-on dit. Elle ne le sera pas. Le ministère n'a pas besoin d'une nouvelle chambre pour avoir la majorité, et il y a dans la chambre élue en 1827, tous les élémens nécessaires pour avoir une majorité telle qu'on la désire.

Eh bien ! on l'achetera cette majorité ! et 40 millions, a-t-on fait dire aux ministres, ne seront pas difficiles à trouver. Insultante assertion ! et la chambre en masse ne protestera pas contre une calomnie aussi atroce ! Voyez la bonne foi et la loyauté, j'ajouterai même l'urbanité du journalisme, c'est à ses partisans qu'il adresse ces injures ; car enfin ce ne seront pas, sans doute, les députés qui pensent comme le ministère, soit par convention, soit comme fonctionnaires publics, comme on voudra l'entendre, car je veux disputer largement, que l'on songera à acheter, puisqu'ils sont tout acquis. Eh quoi ! messieurs de l'opposition, vous ne voterez pas des remercîmens aux journaux qui vous supposent une conscience que l'on peut mettre à l'encan ; quelle injure ! je serais tenté de croire que le changement de ministère a fait tourner la tête aux journalistes.

L'opinion d'un député doit être débarrassée de toute influence ; il doit voter avec l'indépendance d'un homme probe et libre ; c'est un juré politique. S'il n'est pas convaincu, son vote doit repousser une loi qu'il pense ne point être en harmonie avec les intérêts de son pays. Mais par cela même qu'il est indépendant, il doit repousser toute induction qui tendrait à l'attacher à un parti plutôt qu'à un autre. Mandataire du peuple, il lui doit son vote, sans toutefois blesser les égards qui sont dus à la royauté, à laquelle il doit son respect et sa soumission.

Tous les bruits que la licence de la presse a répandus sur l'impossibilité où était le ministère d'avoir une majorité dans la chambre des députés à la session prochaine, ne serviront qu'à rendre cette majorité plus certaine. Telle qu'est composée la chambre, le ministère ne doit pas espérer y rencontrer une majorité servile; telle n'est pas aussi son intention. La France entière, je veux dire la partie de la France amie de l'ordre et de la tranquillité, et celle-là n'est pas la moins nombreuse, applaudira avec enthousiasme à une alliance qui ne peut qu'assurer son repos et son bonheur; et bientôt nous verrons messieurs les libellistes, car on ne peut guère les appeler autrement, réduits à crier seuls, parce que tout le monde sera content, personne ne voudra plus d'eux, et ils seront alors vraiment *vox clamans in deserto*.

CONCLUSION.

Le plan que je me suis tracé dans la petite brochure que je soumets au public est rempli, et ne me permet pas d'entrer dans de plus longs détails. Peut-être qu'un jour je traiterai plus amplement quelques pensées jetées à la hâte dans cet opuscule : alors j'établirai d'une manière plus positive ce que je n'ai fait qu'ébaucher. J'ai seulement voulu satisfaire au besoin du moment, et réfuter quelques assertions qui m'ont paru mériter quelque importance. Je ne me suis point laissé aller à l'envie que j'avais de faire sérieusement attention aux mauvais traits et aux mauvaises épigrammes qu'on lit tous les jours dans les petits journaux. J'ai pensé que cela partait de trop bas, et que ce serait leur faire beaucoup d'honneur que de vouloir bien les relever : c'eût été occuper le public d'objets qui ont passé inaperçus, et auxquels on eût pu attacher quelque importance, par cela seul qu'on avait l'air d'y faire attention. Je les ai donc laissés ensevelis dans l'oubli avec les ignobles calembourgs qui leur servaient d'escorte.

Mon but seulement a été d'essayer de prouver que toute la France est loin de viser au renversement de l'ordre social et de nos institutions, achetées par quarante années de luttes et de combats contre le jacobinisme et les amateurs du pouvoir populaire. Pauvre peuple, c'est à ton nom que l'on fait la guerre, et c'est toi qui en paies les frais! Certes je suis loin de prêcher l'absolutisme, et ce gouvernement moins que tout autre serait loin de me convenir. Nous ne sommes plus au temps où l'on pouvait risquer ce jeu. Les Louis XI et les Charles IX ne conviendraient plus à nos mœurs; les ministres le savent, et l'ont appris par leur propre expérience. Ils savent qu'il faut un gouvernement représentatif tempéré par la puissance royale à l'abri de laquelle chacun de nous puisse trouver un refuge lorsque des factieux, par leur ambition et la fermentation d'un vieux levain de 89, voudraient nous replonger dans l'abîme d'infortunes d'où nous ont retirés nos princes légitimes. Ils sont passés ces jours de fête où la France fournissait hommes et argent pour la plus grande gloire d'un seul homme et pour la plus grande fortune de milliers d'autres, et il faut faire ensorte qu'ils ne reviennent plus. Il y a pour cela un vrai moyen, c'est de nous rallier tous autour de notre roi, de nous placer sous son égide avec la Charte, et alors nous sommes sûrs de braver la tempête et d'arriver au port à pleines voiles.

VIVE LE ROI! VIVE LA CHARTE!

TABLE DES MATIÈRES.

www.ingramcontent.com/pod-product-compliance
Ingram Content Group UK Ltd.
Pitfield, Milton Keynes, MK11 3LW, UK
UKHW032004260826
14628UKWH00005B/2270